Género Ficción realista

Pregunta esencial

¿Qué nos puede enseñar nuestra conexión con el mundo?

Tu mundo, mi mundo

Max Olsen

ilustrado por Nina de Polonia

CAPÍTULO 1

Conexión en el campamento de verano

—Bien, ese de allá es tu autobús y este es el mío —dijo Paola, dejando caer al suelo sus maletas mientras giraba para darle un abrazo a Camila—. Fue muy divertido, ¿cierto?

—¡Fue formidable! —respondió Camila—. No puedo creer que ni siquiera quería venir al campamento de verano. Me alegro mucho de que Mamá me convenciera.

—Yo también —dijo Paola—. Si no hubieras venido al campamento, no seríamos amigas.

Alrededor, el aire estaba cargado de voces y risas de otros campistas que se despedían. Estaban guardando el equipaje y los pasajeros comenzaban a llenar los autobuses bajo la mirada vigilante de los consejeros. Finalmente, los motores de los autobuses se pusieron en marcha.

—Mejor subo —dijo Paola, alejándose.

—¿Me mandarás correos electrónicos? —gritó Camila.

—Por supuesto. Y te llamaré. ¡Nos veremos de nuevo pronto! —dijo Paola con un último saludo y desapareció dentro del autobús.

Camila le devolvió el saludo, luego recogió su mochila y el estuche de su mandolina y corrió para abordar el autobús que la llevaría a su casa.

Cuando empezó el largo viaje a casa, Camila se reclinó contra la ventana del autobús, mirando hacia afuera, pero solo veía vagamente el paisaje. Estaba ocupada repasando lo sucedido en su mente, en busca del momento cuando comenzó su amistad con Paola.

Cuando Camila llegó al campamento de verano, lo único que quería era volver a casa. Estaba segura de que su mamá se había equivocado y que ir al campamento iba a ser un desastre. Camila mantenía agachada la cabeza. Su cortina de cabello rubio le ayudaba a evitar el contacto visual cuando le mostraron la cabaña que compartiría con otras niñas. Apenas había tenido tiempo de dejar sus cosas sobre la cama cuando la asustó una voz fuerte y alegre justo al oído.

—¡Qué increíble! ¿Tienes una mandolina? ¡Eso es estupendo! ¿Te molesta si le echo un vistazo?

Otra niña estaba de pie cerca de Camila y sonreía mientras se acercaba al estuche de la mandolina. Camila le respondió con una sonrisa a medias y un pequeño asentimiento de cabeza. La otra chica abrió el estuche y levantó la mandolina.

Por la forma cuidadosa como esta niña de ojos amables y oscuros y pelo rizado aún más oscuro trató la mandolina, se ganó de inmediato la simpatía de Camila.

—¿Tocas? —preguntó Camila.

—Sí, supongo, pero... no soy muy buena. Por cierto, yo soy Paola. ¿Cómo te llamas?

—Soy Camila. ¿Tienes mandolina?

—No. Toco la de mi abuelo. Él toca realmente bien y me ha enseñado algunas canciones. ¡Eres muy afortunada de tener esta aquí!

Así se produjo la conexión entre las niñas y la conversación continuó fácilmente. Camila descubrió que Paola vivía con sus padres en Nueva York.

—Muchos de mis familiares están allí —explicó Paola—. Ellos inmigraron desde Italia justo antes de que yo naciera.

—Yo soy de Roanoke —explicó Camila por su parte—. Mi familia ha vivido en Virginia por más de 100 años.

Durante muchos años, Paola había pasado al menos una parte de sus veranos en el campamento y estaba más que feliz de ayudar a Camila a adaptarse.

Durante los días y las semanas siguientes, disfrutaron nadando, yendo en canoa y haciendo otras muchas actividades que ofrecía el campamento. También encontraron tiempo para enseñarse mutuamente nuevas melodías en la mandolina de Camila. Así fue como la amistad se fortaleció.

Cuando se terminó el campamento, era de esperar que las dos chicas siguieran en contacto. Intercambiaron correos electrónicos varias veces a la semana. Compartieron y compararon los detalles de la vida de Paola en Nueva York y la de Camila en Roanoke, Virginia.

Después, a mediados de septiembre, Paola recibió encantada una llamada telefónica. Era Camila y no la llamaba solo para saludarla.

—Le pregunté a mi mamá —dijo Camila—, y ella dice que está bien si te invito a Roanoke durante un fin de semana en octubre. ¿Qué te parece?

—¿De verdad? ¡Oh, qué bien! —gritó Paola—. Tengo que preguntarles a mis padres, pero estoy segura de que me dejarán visitarte. ¡Tengo muchísimas ganas de verte!

—Y yo tengo muchísimas ganas de mostrarte donde vivo. Vas a ver que pasaremos un fin de semana estupendo.

AHORA COMPRUEBA

¿A dónde va a ir Paola? ¿Por qué?

CAPÍTULO 2
Una visita a Virginia

—¿No te dio miedo viajar sola hasta acá? —preguntó Camila. Era viernes en la tarde y Camila y su mamá acababan de recoger a Paola en el aeropuerto de Roanoke. Paola se encogió de hombros.

—No fue difícil —dijo ella—. Ya he volado algunas veces con mi familia.

Camila no había volado a ninguna parte. Y no estaba segura de que pudiese estar tan tranquila después de haber viajado sola como Paola acababa de hacer. Camila miró a su mamá, que estaba conduciendo. La pequeña sonrisa que ella le devolvió indicaba que su mamá sabía lo nerviosa que se sentiría con un viaje así. Paola estaba mirando hacia afuera por la ventana del auto.

—Qué grandioso es estar aquí. Mira esos árboles. Son enormes y robustos. ¡Y los colores del otoño son espectaculares!

—Espera a que vayamos de excursión mañana —dijo la mamá de Camila—. Entonces verás colores de verdad. Camila está ansiosa por mostrarte su patio.

Camila le sonrió a su mamá, feliz de regresar a territorio conocido.

—Te va a encantar —le dijo a Paola—. Espero que hayas traído zapatos de senderismo.

—Sí, pero eso es gracias al campamento de verano —dijo Paola, sonriendo—. ¡No hay mucha necesidad de zapatos de senderismo en Nueva York!

El "patio" de Camila, como lo llamaba su mamá, eran las montañas Blue Ridge, cercanas a Roanoke. El sábado en la mañana, Camila, su mamá y Paola fueron en auto hasta donde comenzaba el sendero que Camila había escogido.

El camino subía en forma regular y los ricos colores dorado, carmesí y amarillo del otoño estaban en todas partes. Camila nombraba las diferentes especies de árboles. Le entusiasmaba mostrarle el camino conocido a su amiga y hablarle de la geografía e historia del área de Blue Ridge.

—¡Fantástico! —exclamó Paola mientras admiraba el paisaje—. Todo esto es realmente nuevo para mí. ¡Me encanta! Pero dime una cosa, ¿aquí hay osos?

—Bueno, algunas veces... —dijo Camila.

Cuando vio la cara de horror que de inmediato puso Paola, se apresuró a tranquilizarla.

—Pero no te preocupes, no se ha visto un oso en años. En cualquier caso, estamos haciendo tanto ruido que saldrían corriendo asustados incluso antes de que los veamos.

—Qué bueno saberlo —dijo Paola sonriendo aliviada.

Esa noche, Paola cenó con Camila y su familia una comida típica de los Apalaches: pollo y empanada, ejotes, calabaza, remolachas y pan de maíz.

—¡La cena estuvo espectacular! —dijo Paola cuando todos habían terminado la tarta de manzana.

Pero lo mejor aún estaba por venir. Después de limpiar la mesa y de lavar los platos, la familia sacó sus instrumentos musicales. El padre de Camila tenía un banyo y la madre, un acordeón. El hermano sacó su guitarra y Camila, por supuesto, su mandolina.

Durante la siguiente hora, Paola se vio inmersa en la música *bluegrass* de los Apalaches. Los instrumentos cantaban alegremente y llenaban el salón con melodías vibrantes. Paola rio, sonrió y aplaudió hasta que le dolieron las manos y la cara. Entonces Camila le dio la mandolina.

—Ahora es tu turno, Pao —le dijo—. Toca una melodía italiana, de las que te enseñó tu abuelo.

—Ah, pero yo no toco tan bien... —respondió Paola nerviosamente.

Ellos no la dejaron negarse. Empezó a tocar una de las tonadas de su abuelo nerviosamente, y la mandolina cobró vida en sus manos. Por suerte los otros siguieron la melodía y se le unieron. ¡Fue magia pura!

Detective del lenguaje	**Busca tres preposiciones en esta página.**

AHORA COMPRUEBA

¿Qué aprendió Paola de la música en su visita a Roanoke?

El domingo fue el último día de la visita de Paola.

—Quiero mostrarte un lugar muy especial —le dijo Camila—. Es un lugar donde a veces ayudo.

—Está bien —dijo Paola—. Sorpréndeme.

Camila en verdad la sorprendió. Su madre las llevó al Centro de Rescate de Vida Silvestre de Roanoke.

—Aquí cuidan a los animales silvestres heridos o huérfanos —dijo Camila—. No te preocupes, no hay osos. Son más que todo mapaches, marmotas y zarigüeyas. Ah, y algunas veces zorrillos.

Camila le mostró a Paola el lugar, le presentó a otros voluntarios y le explicó cómo se cuidaban los animales hasta que llegaba la hora de ponerlos en libertad.

Cuando llegó la hora de volver a Nueva York, Paola le contó a Camila lo que más le había impresionado de Roanoke.

—La música fue asombrosa. ¡No puedo esperar a contarle al abuelo! Aprendí un montón sobre la vida silvestre y el medioambiente. ¡Gracias!

CAPÍTULO 3
Nuevas indicaciones

De regreso a Nueva York, Paola volvió a su rutina diaria normal: la casa, la escuela y las visitas al abuelo en su restaurante en el barrio la Pequeña Italia, en Manhattan. Estaba feliz de estar en casa, pero cada vez que salía a hacer algún recado en la ciudad, no podía evitar verlo todo con otros ojos.

Nueva York era una ciudad grande, muy diferente de la casa de Camila cerca de las montañas Blue Ridge. Paola seguía pensando en lo mucho que Camila se preocupaba por el medioambiente y la vida silvestre donde ella vivía.

Ella se lo contó a su abuelo. Trataba de interpretar una de las tonadas de *bluegrass* que Camila había tocado en la mandolina. No le salía muy bien, pero sabía que su abuelo entendía lo mucho que había disfrutado al compartir la música. Tal vez, él también entendería cuánto se preocupaba Camila por el mundo alrededor de su casa.

—Quizá debería preocuparme más —dijo Paola—. Quiero decir, solo porque vivo en una ciudad no significa que no haya medioambiente o vida silvestre, ¿cierto, abuelo? ¿No deberíamos preocuparnos por esas cosas aquí también?

Detective del lenguaje

Busca una oración con punto seguido y otra oración con signos de interrogación en esta página.

Su abuelo asintió.

—Es un mundo enorme —dijo el abuelo—. Deberíamos ayudar a cuidar el medioambiente dondequiera que estemos.

Paola le envió un correo electrónico a Camila contándole su conversación con su abuelo.

—Entonces, de verdad voy a empezar a hacer algo para mostrar que me interesa —escribió Paola—. Solo tengo que descubrir por dónde empezar.

Sabía que su escuela era parte del programa de Escuelas Verdes de Nueva York, así que decidió aprender más sobre su significado.

Descubrió que todo el programa era sobre la reducción de residuos: reducir, reutilizar y reciclar. Había un reto para ver cuál escuela inventaba el mejor sistema de manejo de desperdicios y Paola se ofreció como voluntaria para ayudar.

—Estamos construyendo contenedores para los residuos de comida y cualquier cosa de la escuela que sirva para hacer un buen abono —escribió en su siguiente correo electrónico a Camila—. Se siente muy bien cuando se hace algo como esto. ¡Mira cómo me inspiraste!

El siguiente correo de Paola era una invitación.

—Ha llegado el momento de que tú me visites —decía el mensaje—. ¡Por favor ven a Nueva York!

A Camila le encantó la idea de ver de nuevo a Paola, pasar tiempo juntas e incluso, tal vez, tocar música. Al mismo tiempo, estaba aterrada.

Ir al campamento de verano había sido su primer gran viaje lejos de casa, por su cuenta. Paola lo había convertido en una gran experiencia, pero ¿podría Paola hacer que una chica de un pueblo pequeño se relajara y disfrutara de la gigantesca ciudad de Nueva York?

Camila le dijo a su mamá que no quería ir.

—No te niegues de inmediato —le dijo su mamá—. Date un tiempo para pensarlo.

Camila subió a su cuarto. Tomó la mandolina y empezó a practicar una melodía que Paola le había enseñado. Había algunas partes que no recordaba y Paola no estaba allí para ayudarla.

"Hay mucho más que quiero aprender", pensó Camila. "Y no es solo de esa melodía o de la mandolina".

Lo siguió pensando y se dio cuenta de que quería aprender más de la música en general y del medioambiente y de, bueno..., ¡del mundo entero! Conocer a Paola le había hecho ver cuánto le faltaba aún por conocer.

Se oyó un golpe en la puerta y su mamá entró. Antes de hablar se sentó un momento en la cama, al lado de Camila.

—Cuando no querías ir al campamento de verano, me preocupé —dijo—. Sabía que era importante que probaras algo lejos de casa, por tu propia cuenta. Quería que descubrieras que podías valerte por ti misma. El campamento de verano fue el primer paso y ahora Paola te ofrece la oportunidad de dar otro paso más grande. ¿Crees que estás lista?

Camila tocó una cuerda de la mandolina y escuchó el sonido antes de responder.

—¿Sabes lo preocupada que estaba Paola por los osos? —le preguntó Camila mientras su mamá asentía—. Los osos pueden dar mucho miedo, pero en realidad Paola no tenía por qué temer. Tal vez le ayudé a entenderlo.

—Estoy segura de que sí —dijo su mamá.

—Bien, si voy a Nueva York, ella va a tener que ayudarme a no asustarme cada vez que retumbe una sirena o cuando las personas choquen conmigo en la acera, y tendrá que ayudarme a no perderme y...

—Estoy segura de que Paola lo hará —dijo su mamá.

—Bueno, entonces será mejor que le escriba a Paola para decirle que voy a Nueva York —dijo Camila.

Su mamá le dio un gran abrazo.

La respuesta de Paola llegó de inmediato. Le describía la cantidad de cosas que podrían hacer en Nueva York y terminaba con: "Si quieres, mi abuelo nos enseñará algunas melodías italianas para mandolina".

"¡No puedo esperar ni un minuto más!", respondió Camila.

AHORA COMPRUEBA

¿Cómo cambió Paola cuando volvió a su casa en Nueva York?

Respuesta a la lectura

Resumir

Usa los detalles más importantes de *Tu mundo, mi mundo* para resumir el cuento. Puedes usar el organizador gráfico como ayuda.

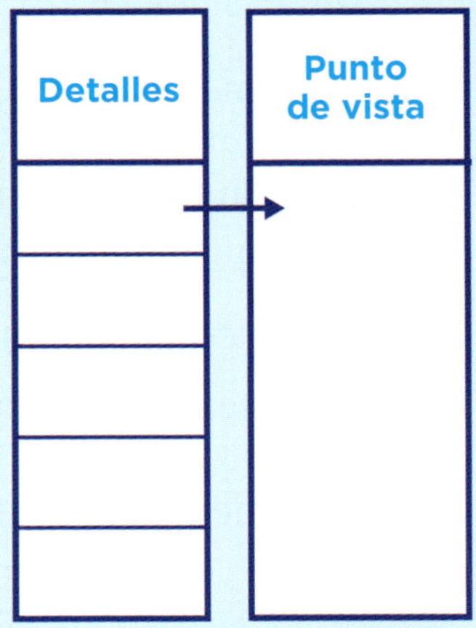

Evidencia en el texto

1. ¿Qué características del cuento *Tu mundo, mi mundo* te indican que es ficción realista? **GÉNERO**

2. Este cuento, ¿está narrado en primera o en tercera persona? Usa detalles del texto para describir el punto de vista del autor. **PUNTO DE VISTA**

3. En la página 8, cuando la familia de Camila tocaba música después de la cena, sus "instrumentos cantaban". Busca otro ejemplo de personificación. ¿Cómo enriquece el cuento cada ejemplo? **PERSONIFICACIÓN**

4. Escribe cómo la descripción de la noche familiar, en la página 8, cambiaría si hubiera sido escrita por Paola, en primera persona. Incluye detalles del texto en tu respuesta. **ESCRIBIR SOBRE LA LECTURA**

Género Poesía

Compara los textos

Lee el siguiente poema que habla acerca de la formas en que el poeta se conecta con el mundo.

La canción de las estaciones

Alexis Romay
(escritor cubano)

Entre el frío del invierno,
la primavera florida,
el verano que da vida
y que hace al fruto tan tierno,
en este mundo moderno
tengo sobradas razones
y hasta un sinfín de emociones
para celebrar el clima
y en un poema con rima
cantar a las estaciones.

Illustration: Carla Golembe

En la patria de mi infancia
no tenía primavera,
ni flores en la pradera
que esparcieran su fragancia.
Imponía su arrogancia
y su calor el verano.
Y yo, que soñaba, ufano,
como sueña algún retoño,
con conocer el otoño,
¿estaba soñando en vano?

Illustration: Carla Colombo

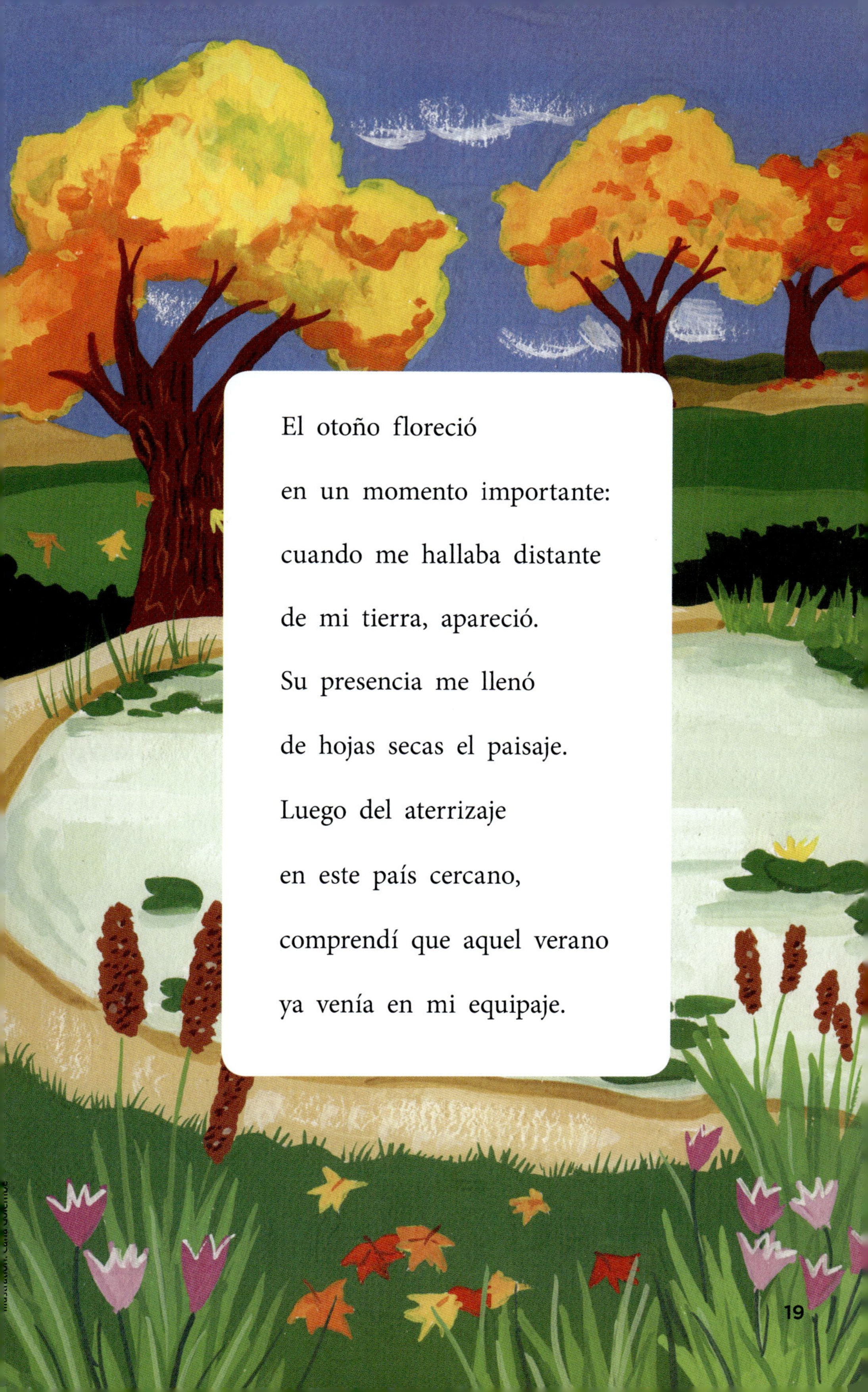

El otoño floreció
en un momento importante:
cuando me hallaba distante
de mi tierra, apareció.
Su presencia me llenó
de hojas secas el paisaje.
Luego del aterrizaje
en este país cercano,
comprendí que aquel verano
ya venía en mi equipaje.

El otoño me dejó,
al final de la borrasca,
una palabra: hojarasca,
y una lluvia que cayó
a deshora, y me empapó.
Más tarde, llegó el invierno
a cumplir su ciclo eterno.
Y, luego, la primavera
vino linda y altanera
a colarse en mi cuaderno.

Illustration: Carla Golembe

Haz conexiones

¿Cómo explica el poeta de "La canción de las estaciones" su conexión con el mundo? **PREGUNTA ESENCIAL**

Camila en *Tu mundo, mi mundo* y el poeta de "La canción de las estaciones" muestran su conexión con el mundo a través de la naturaleza. Compara la forma como se muestra la conexión con el mundo en las dos lecturas. **EL TEXTO Y OTROS TEXTOS**

Enfoque: Elementos literarios

Imaginería Los poetas y otros escritores usan la imaginería para que los lectores tengan una idea más clara acerca de lo que leen. La imaginería puede incluir el uso de metáforas o símiles, o puede, simplemente, hacer uso de descripciones vívidas. A menudo, la imaginería usa palabras relacionadas con los sentidos del tacto, vista, oído, olfato y gusto.

Lee y descubre En el poema *La canción de las estaciones,* las descripciones de la primera estrofa (página 17) ayudan a visualizar la naturaleza en el otoño. El poeta crea una imagen gustativa al incluir una descripción del fruto maduro.

Tu turno

Cierra los ojos y recuerda una escena de tu niñez. Puede ser una reunión familiar, la espera de un suceso especial o el viaje a un lugar desconocido. Imagina esto con todos los sentidos. ¿Puedes ver, oír, oler, tocar y sentir? Luego, escribe algunas palabras o frases que muestren eso que viste, oíste, oliste, probaste y tocaste. Usa estas notas para hacer un dibujo de la escena que imaginaste. Marca tu dibujo con las palabras que escribiste.